Friedrich Flachsbart

Das Ich und das Es - Anmerkung zu dem alten Problem des Unbewussten

Von uralten Bildern der Menschheit, die uns in die Zukunft führen

GRIN Verlag

Bibliografische Information der Deutschen Nationalbibliothek:

Die Deutsche Bibliothek verzeichnet diese Publikation in der Deutschen National-
bibliografie; detaillierte bibliografische Daten sind im Internet über http://dnb.d-
nb.de/ abrufbar.

Impressum:

Copyright © 1987 GRIN Verlag GmbH
Druck und Bindung: Books on Demand GmbH, Norderstedt Germany
ISBN: 978-3-656-15302-3

Dieses Buch bei GRIN:

http://www.grin.com/de/e-book/190663/das-ich-und-das-es-anmerkung-zu-dem-
alten-problem-des-unbewussten

GRIN - Your knowledge has value

Der GRIN Verlag publiziert seit 1998 wissenschaftliche Arbeiten von Studenten, Hochschullehrern und anderen Akademikern als eBook und gedrucktes Buch. Die Verlagswebsite www.grin.com ist die ideale Plattform zur Veröffentlichung von Hausarbeiten, Abschlussarbeiten, wissenschaftlichen Aufsätzen, Dissertationen und Fachbüchern.

Besuchen Sie uns im Internet:

http://www.grin.com/

http://www.facebook.com/grincom

http://www.twitter.com/grin_com

Das Ich und das Es –

Anmerkung zu dem alten Problem des Unbewussten.

Friedrich Flachsbart

Geschrieben 28.9.1987 -1 6.12.1987
Digitalisiert 13. 3. 2012

Inhaltsverzeichnis.

Einleitung.

Im Jahre 1923 schrieb Siegmund Freud den Aufsatz „Das Ich und das Es."
Ich hoffe seine Ideen um einige Aspekte bereichern zu können.

Siegmund Freud bezog sich bei der Definition des Es auf den Arzt Georg Groddeck, „der
immer wieder betont, dass das, was wir unser Ich heissen, sich im Leben wesentlich passiv
verhält, dass wir nach seinem Ausdruck „gelebt" werden von unbekannten, unbeherrschbaren
Mächten."[1]

Siegmund Freud übernahm diesen Gedankengang:
„Ein Individuum ist nun für uns ein psychisches Es, unerkannt und unbewusst, diesem sitzt
oberflächlich das Ich auf (...) etwa so, wie die Keimscheibe dem Ei aufsitzt."[2]

Siegmund Freud ordnet dem Es erstaunliche Eigenschaften zu.

Es ist der Erinnerungsspeicher für die Erlebnisse vieler Generationen.

Das Es beherbergt „in sich die Reste ungezählt vieler Ich-Existenzen."[3]

Es ist also die Umschreibung der menschlichen Art.

Ein anderer alter jüdischer Begriff dafür ist Adam, Mensch.

Jeder einzelne Mensch birgt in sich das Es, das unbegreifliche Etwas, das den Menschen
ausmacht.

Das Individuum ist der bewusste Teil des Es.

Ziel meiner Arbeit soll sein, die Grenzen des bewussten Teils zu erweitern.

---

[1] S. Freud: Das Ich und das Es. S. 180
Fischer Taschenbücher, Frankfurt am Main, 1984
[2] S. Freud: a. a. O., S. 180
[3] S. Freud: a. a. O., S. 191-192

Kapitel 1: Die Funktion des Es bei Georg Büchner.

Meine These ist, dass der Arzt Georg Büchner in seinen Werken den Begriff es in der von Groddeck und Freund umschriebenen Art gebraucht hat.

Woyzeck scheint Es als unbekannte, unbeherrschbare Macht, durch die er gelebt wird, am stärksten zu empfinden:

„Es geht was! (...)

Es geht hinter mir, unter mir."[4]

Es war wieder was, (...)

Es ist hinter mir hergegangen (...)

Etwas, was wir nicht fassen, begreifen, was uns von Sinnen bringt!"[5]

Bei Woyzeck ist Es etwas bedrohliches, Es fordert den Tod,
Woyzeck soll seine Freundin erstechen:

„Es redt immer: stich! stich!"[6]

„Hör ich's immer, immer zu: stich tot, tot!"[7]

Bei Lenz hingegen ist Es etwas freundliches,
Es bringt den Frieden der zerquälten, zerrissenen Seele:

„Es war, als ginge ihm was nach
und als müsse ihn was Entsetzliches erreichen,
etwas,
das Menschen nicht ertragen können."[8]

„Es wurde ihm, als hätte ihn was an der Stirn berührt,
das Wesen sprach ihn an."[9]

„Auch habe es ihn angefasst,
und er habe damit gerungen wie Jakob."[10]

Die Gleichsetzung des Es mit dem Göttlichen wird noch klarer,

---

[4] G. Büchner: Werke und Briefe. S. 115
dtv, München, 1969
[5] G. Büchner: a. a. O., S. 116
[6] G. Büchner: a. a. O., S. 126
[7] G. Büchner: a. a. O., S. 125
[8] G. Büchner: a. a. O., S. 66
[9] G. Büchner: a. a. O., S. 69
[10] G. Büchner: a. a. O., S. 75

für Lenz verschwimmt es mit Christus:

„da kommt ein Unbekannter zu ihnen,
sie sprechen, er bricht das Brot;
da erkennen sie ihn,
in einfach-menschlicher Art,
und die göttlich-leidenden Züge reden ihnen deutlich,
und sie erschrecken,
denn es ist finster geworden,
und es tritt sie etwas Unbegreifliches an;"[11]

Auch in Dantons Tod ist die Rede vom Es,
es ist das Unbegreifliche, das Leben:

„Es war etwas darin, was ich nicht begriff."[12]

„Es ging überall etwas um mich vor"[13]

In Dantons Tod ist auch die Rede von Christus.
Christus ist der Mensch, der seiner Natur gemäss handelt,

„das heisst, er tut, was ihm wohltut."[14]

Die Natur des Menschen wird von G. Büchner nach dem Bilde Christi beschrieben, dem
Lamm Gottes: Die individuellen Unterschiede der Persönlichkeiten beschreibt er als Masken,
als „Variationen aus verschiedenen Tonarten über das nämliche Thema."[15]

Es, das Unbegreifliche im Menschen, umfasst für G. Büchner also zwei Aspekte:
Das Entsetzliche, das zum Töten auffordert, und das Göttliche, das den Frieden bringt:

„Was ist das, was in uns lügt, hurt, stiehlt und mordet?
Puppen sind wir, von unbekannten Gewalten am Draht gezogen."[16]

Doch fassbar ist es nicht, wie Leonce und Lena zeigen:

„Ein Ding – ein Ding – ein Ding, - das nichts ist."[17]

„Wer seid Ihr?

Weiss ich's?

Ein ich das? Oder das? Oder das?

Wahrhaftig, ich bekomme Angst,

---

[11] G. Büchner: a. a. O., S. 73
[12] G. Büchner: a. a. O., S. 16
[13] G. Büchner: a. a. O., S. 16
[14] G. Büchner: a. a. O., S. 21
[15] G. Büchner: a. a. O., S. 59
[16] G. Büchner: a. a. O., S. 33
[17] G. Büchner: a. a. O., S. 107

ich könnte mich so ganz auseinanderschälen und –blättern.
Aber – aber etwas müsst Ihr denn doch sein?"[18]

Dies Etwas bleibt,

das Unfassbare,

das Unbegreifliche,

das Es,

das Unbewusste,

wie Siegmund Freud es später nannte.

---

[18] G. Büchner: a. a. O., S. 107

Kapitel 2: *Psychomentale Funktionen und die Einfache Form bei Kurt Ranke.*

Der Göttinger Märchenforscher Kurt Ranke hielt die Form eines Märchens für sekundär.

"Primär ist die Énergeia, die schöpferische, seelische und geistige Grundkraft des Menschen, die sich in der ihr jeweils zukommenden und entsprechenden Form manifestiert."[19]

Er postuliert als „momentum generativum" „das unbewusst Produktive, die seelischen Impulse als wichtigstes."[20]

Er spricht von einer „psychomentalen Haltung"[21],
einer „psychomentalen Struktur",
von „psychomental anders strukturierten Nachbarn"[22],
von „psychomental anders strukturierten Völkern"[23].

Manche Märchen sind weltweit verbreitet,
viele bleiben „an den Grenzen"[24] stecken,
sie sind nur bei bestimmten Völkern zu finden.

Es scheint also scharfe Grenzen in den unbewussten Strukturen der Völker zu geben, die die Entwicklung und Übernahme von Märchen beeinflussen.

Der Einzelne birgt demnach in sich allgemeine und spezifische Strukturen des Unbewussten. Das Es umfasst allgemeinmenschliche, gruppenspezifische und persönlich-individuelle Inhalte.

Zwei Grundinhalte des Es, zwei Aspekte postulierte Siegmund Freud:

„Eros und Todestrieb kämpfen in ihm"[25].

Diese beiden Aspekte sind im Einzelnen zu finden, G. Büchner hat das anschaulich gemacht.

Meine These nun ist:

Diese beiden Aspekte gibt es auch bei Menschengruppen bis zu Gesamtheit, der Menschheit.

Thomas Mann könnte mein Zeuge sein, Paul Celan ist es:
Er versuchte den Konflikt in unserem 20. Jahrhundert zu fassen:

„Er spielt mit den Schlangen und träumet

---

[19] K. Ranke: Die Welt der Einfachen Formen. S. 23
W. de Gruyter, Berlin – New York, 1978
[20] K. Ranke: a. a. O., S. 25
[21] K. Ranke: a. a. O., S. 46
[22] K. Ranke: a. a. O., S. 96
[23] K. Ranke: a. a. O., S. 97
[24] K. Ranke: a. a. O., S. 93
[25] S. Freud: a. a. O., S. 208

der Tod ist ein Meister aus Deutschland

dein goldenes Haar Margarete

dein aschenes Haar Sulamith"[26].

Ein Versuch, das Handeln der Völker durch das Unbewusste zu verstehen – ist er erlaubt?

Ein Vorbild wäre auch Lew Tolstoi.

Sein Roman „Krieg und Frieden" ist ein Versuch historische Geschehen durch das Unbewusste der Völker zu erklären. [27]

Nach Tolstoi lenkt „der Wille des geschichtlichen Helden nicht im geringsten die Tätigkeit der Massen"[28].

Gezwungen werden die Menschen vom Es:

„Da ist es!

Da ist es wieder! (...)

Jene geheimnisvolle, kalt über allem schwebende Macht,
welche die Menschen zwang,
gegen ihren eigenen Willen ihresgleichen hinzumetzeln,
jene Macht, deren Wirkung er bei der Exekution gesehen hatte (...)
es war sinnlos, sich dieser Macht entziehen zu wollen
oder mit Bitten und Vorstellungen an die Menschen heranzutreten,
die ihr als Werkzeug dienten (...)
aus seinem kalten Gesicht blickte es"[29].

Dieser Kraft des Todes hat Tolstoi die Macht des Lebens gegenübergestellt:

„er fühlte auch, wie mit jedem neuen Zugriff,
den die verhängnisvolle Macht tat, um ihn zu erdrücken,
in seiner Seele eine neue, von dieser Macht unabhängige Lebenskraft immer mehr wuchs und erstarkte."[30]

Leben und Tod kämpfen im Es.

Dieser Kampf spiegelt sich im Individuum und in den Völkern.

---

[26] P. Celan: Ausgewählte Gedichte. S. 19
Edition Suhrkamp, Frankfurt am Main, 1968
[27] L. Tolstoi: Krieg und Frieden
Rütten & Loening, Berlin, 1969
[28] L. Tolstoi: a. a. O., Bd. II, S. 502
[29] L. Tolstoi: a. a. O., Bd. II, S. 538
[30] L. Tolstoi: a. a. O., Bd. II, S. 544

Besitz ergriff der Tod von Adolf Hitler, dem Führer der Deutschen.

Triebfeder seiner Ideen war der Hass auf die Juden, irrational und kaum zu verstehen.

Paul Celan scheint diesen Vorgang am besten zu beschreiben:

„und träumet der Tod."[31]

Aus der Tiefe des Unbewussten gebiert sich der Tod, nimmt Form und Gestalt, Person und Gewalt, Macht und dann Zerstörung.

Er ist Abbild der „psychomentalen Haltung", die auch die Märchen erzeugt.

Ich glaube zeigen zu können, dass zwei Bilder des Märchens Gestaltungen von psychomental unterschiedlich strukturierten Völkern sind.
K. Ranke selbst hat darauf hingewiesen, dass „eine ganz scharfe Grenze" „hart an der germanischen Sprachgrenze" verläuft, der von bestimmten Märchen [32] nicht überschritten worden ist.
Zwei Beispiele dafür sind „Der Drachenkampf auf der Brücke" und „Der nährende Schlangenstein"[33]
Beide sind nur östlich dieser Grenze beliebt und verbreitet.

Schlange und Drachen sind uralte Bilder der Menschen.

Der Adler ist Gegner der Schlange, Drachentöter einer der Brüder aus dem Brüdermärchen. [34]

K. Ranke zitiert das Brüdermärchen als Beispiel für eine über 3.000 Jahre dauernde orale Kontinuität, bedingt durch die „Faszination ihres Gehaltes auf den erzählenden Menschen der eurasischen Welt" und Zeugnis „von der erregenden Beharrlichkeit (...), mit der diese Menschen die Erzählung durch die Zeiten und die Fernen trugen." [35]

K. Ranke hat die amerikanische Tradition nicht bearbeitet.
Claude Levi-Strauss hat auch auf diesem Kontinent die Erzählungen von den beiden Adlerbrüdern als ein Hauptmotiv erkannt.[36]

Adler und Schlange, Drachentöter und Drache,
welches soll nun Leben und welches Tod darstellen?

Nach meinem Empfinden ist der Drache, der Lindwurm das Böse, der Drachentöter (Herkules, Siegfried, St. Georg und welche Namen ihm die Sage auch immer gegeben hat) der Gute, der Held.

Deutschlands Wappentier ist der Adler.
Er ist es auch in den USA.

---

[31] P. Celan: a. a. O., S. 19
[32] K. Ranke: a. a. O., S. 96
[33] K. Ranke: a. a. O., S. 96
[34] K. Ranke: Die zwei Brüder.
F. F. C., No. 114, Helsinki, 1934
[35] K. Ranke: a. a. O., 1978, S. 55
[36] C. Lévi-Strauss: Mythologica IV, Der nackte Mensch.
Suhrkamp, Frankfurt am Main, 1975

In Mexiko tötet er auf dem Wappen die Schlange.

Es scheint also eindeutig:
Die Schlange bedeutet das Böse, den Tod.
Der Adler, der Drachentöter, bringt das Gute, das Leben.

Doch ausserhalb meiner Kultur erscheint die Schlange, der Drache ganz anders!

Quetzalcouatl, „Wolkenschlange", war der Name des toltekischen Herrschers.
Bei den Qu'iche Maya hiess der Schöpfer K'ucumatz, „Wolkenschlange", „von grün-blauen Federn eingehüllt."[37]

Der Drache war Symbol des Himmelsohnes, des Kaisers von China.
Der blaugrüne Drachen war das Tier der Himmelsrichtung Osten, der Richtung des Zeugens, des Frühlingsregens.
Sein Gegner war das Tier des Westens, des Todes, der weisse Tiger. [38]

Qomogwa, „Der Reiche", war bei den Kwakiutl in Kalifornien Name der gehörnten Schlange im Westen.
Hauptperson im Denken der Kwakiutl aber war der „Kannibale am Nordende der Welt".
Weiter Personifikationen dieses Menschenfressers waren der Kriegsgott, „Macht Krieg über die ganze Welt", der Pestgott und der Adler, der Rabe.[39]

Anamaqkiu, Dämonen der Tiefe, besiedeln in vier Schichten die Unterwelt der Menomini in den USA.
Zunächst der Erde wohnen die gehörnten Schlangen, darunter nacheinander weisser Hirsch, Panther und weisser Bär.
Über der Erde siedeln in vier Schichten die Vögel mit den Kahlkopfadlern, dann der heilige Schwan mit dem Goldadler, dann die Donnervögel und zuoberst der grosse Gott.[40]

Diese Zweiteilung beherrscht das Denken der Menomini.

Noch 1854 wurde die Besiedlung der Reservation in zwei Gruppen vorgenommen:
Die Bärenleute im Westen, die Donnerer im Osten.

In der Medizinhütte wurde im 19. Jahrhundert dem weissen Schüler vom Menomini Thomas Hog die Überlieferung seines Volkes erzählt:

„Ich muss es Wort für Wort erzählen,
wie es von Geschlecht zu Geschlecht weitergegeben wird.
Ich habe kein Recht, irgendwelche Änderungen vorzunehmen.
Auch die die Erklärung steht fest, und ich darf sie nicht übergehen."[41]

---

[37] W. Krickeberg: Märchen der Azteken und Inkaperuaner, Maya und Muisca.
E. Diederichs, Köln, 1986
[38] W. Eberhard: Lexikon chinesischer Symbole.
E. Diederichs, Köln, 1983
[39] W. Müller: Weltbild und Kult der Kwakiutl-Indianer.
F. Steiner, Wiesbaden, 1955
[40] W. Müller: Die Blaue Hütte.
F. Steiner, Wiesbaden, 1954
[41] W. Müller: a. a. O., 1954, S. 22

Die Überlieferung handelt von den zwei Brüdern und ihrem Kampf gegen die Anamaqkiu: Der Kulturheros Mämäbusch verlor seinen Bruder, den weissen Wolf, durch die Anamaqkiu. Zur Rache tötet er ihre Führer, den silberweissen und den grauen Bären. Die Sintflut ist die Rache der Schlangen, der Anamaqkiu. Der Kulturheros überlebt auf einem Baum und schafft aus einem Erdklümpchen die neue Erde.[42] Der Kulturheros Mänäbusch wird diese Erde einst auch vernichten. Zur Zeit lebt er auf einer Eisscholle im Eismeer des Nordens. Sobald er seinen Fuss wieder auf die Erde setzt, wird das ganze Weltall in Flammen aufgehen, und alle lebenden Wesen werden in den Flammen umkommen.[43]

Leben und Tod kämpfen im Es.

Dieser Kampf spiegelt sich in den Gestalten und Formen der Menschen, in dem Kampf zwischen Adler und Schlange, Heros und Drachen.

Abhängig von der Kultur, von der psychomentalen Struktur, identifizieren die Menschen sich mit dem Adler, andere Menschen identifizieren sich mit der Schlange.

K. Ranke hat für die Schlange im Märchen scharfe Grenzen zwischen den Völkern beobachtet und unterschiedliche psychomentale Strukturen der Völker postuliert.

Aufgabe der vergleichenden Märchenforschung könnte es sein, die Verbreitung von Schlange und Adler genau zu erfassen.

Mein erster Eindruck ist folgender: Die Deutsche, die Weissen Westeuropas und Nordamerikas identifizieren sich mit dem Adler, die Japaner mit der Sonne.

Die Russen identifizieren sich mit Bären und Schlange, die Chinesen und Tolteken mit der geflügelten Schlange.

Märchen, Mythen, Symbole sind Abbild einer unterschiedlichen psychomentalen Struktur.

Könnte diese Struktur nicht auch Ursache des scheinbar irrationalen Verhaltens der Völker sein?

Ist nicht diese Struktur Schlüssel für den sinnlosen Ausbruch von Gewalt im Deutschland des 20. Jahrhunderts?

Zeigt sich nicht hier die Wirkung des Unbewussten, die zerstörende des Todes-Adlers, die wütete gegen die Kraft der Schlange?

Die Wahrheit der Poesie scheint Paul Celan uns zu sagen:

„er hetzt seine Rüden auf uns

er schenkt uns ein Grab in der Luft

---

[42] W. Müller: Die ältesten amerikanischen Sintfluterzählungen. Inaugural Dissertation Philosophische Fakultät Bonn, 1930
[43] W. Müller: a. a. O., 1930

er spielt mit den Schlangen

und träumet

der Tod ist ein Meister aus Deutschland".[44]

---

[44] P. Celan: a. a. O.: S. 19

Kapitel 3: Pyramide und Kreis, zwei Formen des Es, Bilder für Tod und Leben.

„Du hast zu deinem Geist auf zwei Wegen Zugang.
Der eine ist das Quadrat, die Pyramide,
der andere ist der Kreis, die Kugel."[45]

Der Kreis aber ist die Schlange, die sich selbst in den Schwanz beisst.

Die Pyramide reicht in den Himmel, so wie der Adler auf seinem Flug den Himmel berührt:

„Lasst uns eine Stadt und einen Turm bauen,
dessen Spitze bis an den Himmel reiche,
damit wir uns einen Namen machen. (...)
Und der Herr sprach:
Siehe,
es ist einerlei Volk
und einerlei Sprache unter ihnen allen,
und dies ist der Anfang ihres Tuns;
nun wird ihnen nichts mehr verwehrt werden können von allem,
was sie sich vorgenommen haben zu tun.
Wohlauf, lasst uns hemiederfahren
Und dort ihre Sprache verwirren,
dass keiner des andern Sprache verstehe!
Und so zerstreute sie der Herr von dort in alle Länder,
dass sie aufhören mussten, die Stadt zu bauen."[46]

Sind nicht die Turmbauer identisch mit den Kulturheroen,
den Lichtbringern und Drachentötern,
den Adlern, Raben und dem Kannibalen?

War nicht immer die Pyramide ihr Zeichen?

Die Pyramide der Macht.
Die Pyramide der sozialen Ordnung.
Die Pyramide mit dem Führer, sonnengleich an der Spitze.

Zeichen der Erstarrung, des Todes. [47]

Ist nicht der Kreis Zeichen des Lebens?
Lebenscyclus, Lebenskreis.
Jahrscyclus, Jahreskreis.
Landkreis, Weltkreis.

Ewig sich erneuernd, endlos wie die sich in den Schwanz beissende Schlange.

---

[45] H. Storm: Gesang der Heyoehkah. S. 287
Ansata, Interlaken, 1984.
[46] Die Bibel. 1 Mose 11,4-8
Würtembergische Verlagsanstalt, Stuttgart, 1965
[47] H. Storm: a. a. O.

Kapitel 4: *Die Schlangen-Menschen (Historischer Versuch).*

In China war Fu-Hsi der erste Begründer der menschlichen Kultur.
Wie seine Schwester Nü-Kua hat er einen Schlangenleib gehabt.[48]

In Indien, wie in Südostasien, waren die Nagas Schlangen, Menschen mit Schlangenkörpern.
Es existiert die Hypothese, dass die Nagas die „Erinnerung an ein Volk der Ureinwohner des
Landes" sind: „Diese Ureinwohner hätten die Schlange als Totemtier verehrt, den Namen der
Schlange als Volksnamen erhalten, wären jedoch später mit den Tieren identifiziert und als
schlangenähnliche Wesen in die indische Mythologie eingegangen."[49]

Vom Kampf der arischen Brahmanen mit den Schlangen berichtet die Erzählung vom
Feueropfer durch einen Brahmanenzauber:

„Komm, du giftiges Volk der Schlangen!

Fünfundsiebzig,

siebenundsiebzig,

neunundneunzigtausend Völker

giftiger Schlangen, eilt herbei!

Seht ihr, wie die Flamme loht?

Und die Flamme droht zum Tod!

Stürzt ins lodernde Verderben –

Alles end im grossen Sterben!"[50]

In Ägypten war die Schlangengöttin Uto Symbol für Unterägypten, Oberägyptens Zeichen
war die Geiergöttin Nechbet.
Ihre Vereinigung symbolisierte die Vereinigung Ober- und Unterägyptens.[51]
Tutenchamum trug als Kopfschmuck Geier und Schlange.
Auf seinem Umhang waren Geier und Schlange als gefiederte Flügelwesen dargestellt.[52]
(Wie bei Menomini war also die soziale Ordnung strukturiert durch die Synthese von
Schlange/Geier – Bär/Donnerer.)

---

[48] W. Eberhard: a. a. O., S. 95
[49] H. Mode: Fabeltiere und Dämonen. S. 117
Edition Leipzig, Leipzig, 1983
[50] R. Beer: Der König in der Hölle. S. 152
Kiepenheuer, Leipzig und Weimar, 1980
[51] A. Eggebrecht: Ägyptens Aufstieg zur Weltmacht. S. 101
P. v. Zabern, Mainz, 1987
[52] G. Garbini: Alten Kulturen des vorderen Orients. S. 155
Bertelsmann, Gütersloh, 1974

In Griechenland war Kekrops, der erste König Attikas, ein Schlangenmensch mit Schlangenleib unterhalb der Taille.[53]
Schlangenmenschen waren auch die Giganten mit ihren Schlangenbeinen.
Von den olympischen Göttern, Apollo und Herkules, wurden sie vernichtet.
Der Pergamonaltar zeigt sie mit Schlangenunterleib und Flügeln. [54]

In Grossbritannien war der Pendragon oberster Heerführer, der Vater von König Arthus.
Pendragon bedeutet Oberdrache, Pen = Haupt, Dragon = Drache.[55]
Auch er wurde besiegt von den Völkern des Nordens, den Sachsen und Nordmännern.

In Mexiko war Quetzalcoatl Name der Federschlange, des Herrschers, der vertrieben wurde von Tezcatlipoca [56], dem Gott des nördlichen Himmels.[57]

---

[53] H. Mode: a. a. O., S. 119
[54] H. Mode: a. a. O., S. 104
[55] M. Zimmer Bradley: Die Nebel von Avalon.
Fischer, Frankfurt am Main, 1987
[56] W. Krickeberg: a. a. O., S. 45
[57] V. Hulpach: Die fünfte Sonne. S. 7
Artia, Prag, 1976

Kapitel 5: *Schon Platon wurde nicht geglaubt.*

Dem Sokrates berichtet Kritias von der Überlieferung des Solon über Kekrops, den uralten König Athens, dem Schlangenmenschen mit Schlangenleib.

Vor 9.000 Jahren habe Athen Krieg geführt mit den Atlantern.[58]

Solon aber hatte dies gehört von einem ägyptischen Priester.
Der aber hatte ihn wegen mangelnder Kenntnis der Überlieferung, wegen der Kürze seiner Erinnerung, seines Gedächtnisses zurechtgewiesen:
„Ach Solon, Solon!
Ihr Hellenen seid doch immer Kinder,
einen hellenischen Greis aber gibt es nicht." (...)
Jugendlich seid ihr alle (...) in euren Seelen;
Denn ihr hegt in ihnen keinerlei alte,
auf altertümliche Überlieferung gegründet Meinung
noch ein durch die Zeit ergrautes Wissen.
Davon liegt aber darin der Grund:
Viele und mannigfache Vernichtungen von Menschen
haben stattgefunden und werden stattfinden,
die bedeutendsten durch Feuer und Wasser,
andere geringere durch tausend andere Ursachen."[59]

---

[58] Platon: Kritias. S. 223
Hrsg. G. Eigler: Werke in acht Bänden. Siebter Band.
Wissenschaftliche Buchgesellschaft, Darmstadt, 1972
[59] Platon: Timaios.
a. a. O., S. 17-19

Kapitel 6: Cherubim – Seraphim.

Zwei Namen tragen die höchsten Engel des Herrn:
Cherubim und Seraphim.

Der Wortstamm von Cherub ist auch in anderen Namen enthalten, die Mittlergestalten Gottes sind. Der indische Göttervogel Garuda und der deutsche Vogel Greif sind Verwandte. [60]

Seraph ist ursprünglich der Name einer geflügelten Schlange, einer „feurigen Schlange", des „feurigen fliegenden Drachen" wie es bei 4. Mose 21 und Jesaja 14,29 heisst. [61]

Zwei Bilder sind die Cherubim und Seraphim für die beiden dem Gott, dem Unbegreiflichen, Bildlosen und nicht Abbildbaren, zunächststehenden Aspekte des Göttlichen.

Cherub	Seraph
Greif	Schlange.

---

[60] H. und M. Schmidt: Die vergessene Bildersprache christlicher Kunst. S. 160
C. H. Beck, München, 1981
[61] H. und M. Schmidt: a. a. O., S. 167

Kapitel 7: *Der Adler und die Schlange. Bilder aus der Ilias.*

Neun Jahr schon dauert der Kampf um Troja. [62]
Müde werden die Krieger des Mordens.
Da erzählt Odysseus von einem Zeichen, das Kalchas gedeutet:

„Sieh, und ein Zeichen geschah.
Ein purpurschuppiger Drache,
grässlich zu schaun,
den selber ans Licht der Olympier sandte,
unten entschlüpft dem Altar,
fuhr schlängelnd empor an dem Ahorn.
Dort nun ruhten im Neste des Sperlings nackende Kindlein auf dem schwankenden Ast
und schmiegten sich unter den Blättern, acht;
und die neunte war der Vögelchen brütende Mutter.
Jener numehr verschlang die kläglich Zwitschernden alle. (...)
Aber nachdem er die Jungen verzehrt und das Weibchen des Sperlings,
stellte zum Wunderzeichen der Gott ihn, der ihn gesendet:
Denn zum Stein erschuf ihn der Sohn des verborgenen Kronos. (...)
Also werden wir dort neun Jahre auch kriegen um Troja,
doch im zehnten die Stadt voll prächtiger Gassen erobern."[63]

Die zweite Rede hält Nestor, der noch einmal die Rache für den Raub der Helena als
Kriegsgrund beschwört, (das Opfer der Königstochter an den Drachen):

„dass keiner zuvor wegdränge und strebe zur Heimkehr,
eh er allhier mit einer der troischen Frauen geruht,
eh er gerächt der Helena Angst und einsame Seufzer!"[64]

Und weiter geht nun der Kampf um Troja!

Ein zweites Zeichen erscheint später den Troiern:

„Denn ein Vogel erschien, (...)
ein hochfliegender Adler, der (...)
eine gerötete Schlange in den Klauen trug, unermesslich,
lebend annoch und zappelnd,
noch nicht vergessend der Streitlust,
denn dem haltenden Adler durchstach sie die Brust an dem Halse,
rückwärts gewunden ihr Haupt;
er schwang sie hinweg auf die Erde,
hart von Schmerzen gequält,
und sie fiel in die Mittel des Haufens;
aber er selbst lauttönend entflog im Hauche des Windes.

---

[62] Homer: Ilias. 2. Gesang, Zeile 295
Übersetzt von J. H. Voss.
DTV, München, 1984
[63] Homer: a. a. O., 2. Gesang, Zeile 308-329
[64] Homer: a. a. O., 2. Gesang, Zeile 354-356

Starrend sahn die Troer umher die ringelnde Schlange lieben im Staub, das Zeichen"[65]

Der Troier Polydamas deutet es dem Hektor:

„Dieser Vogel erschien, der (...) eine gerötete Schlang in den Klaun hintrug, unermesslich, lebend; doch schnell sie entschwang, bevor sein Nest er erreicht und nicht vollends sie brachte zum Raub den harrenden Kindern: So auch wir!"[66]

Doch Hektor verwirft diese Deutung, bricht den Kampf nicht ab, zum Raub wird die Schlange den Vögeln.

Später bereut er, kurz vor seinem Tode:

„So wie ein Drach im Gebirge den Mann erharrt an der Felskluft, satt des giftigen Krauts und erfüllt von heftigem Zorne (grässlich schaut er umher, in Ringel gedreht um die Felskluft): So unbändigen Mutes verweilt auch Hektor und wich nicht, (...) Tief aufseufzend: Weh mir!"[67]

„Also dacht er und blieb. Doch näher kam ihm Achilleus, Ares gleich an Gestalt, (...) Fürchterlich; aber das Erz umleuchtet' ihn, ähnlich dem Schimmer lodernder Feuersbrunst und der hellaufgehenden Sonne. Hektor, sobald er ihn sah, erzitterte; nicht auch vermocht er dort zu bestehen, und er wandte vom Tor sich, ängstlich entfliehend. Hinter ihm flog der Peleide (Achilleus) (...) so wie ein Falk des Gebirgs, der geschwindeste aller Gevögel"[68]

„Also kreiseten sie dreimal um Priamos Feste (Troja)"[69]

Dann aber bleibt Hektor stehen:

„Dreimal umlief ich die Feste des Priamos, nimmer es wagend deiner Gewalt zu beharren; allein nun treibt mich das Herz an, fest dir entgegenzustehen, ich töte dich oder ich falle! Lass uns jetzt zu den Göttern emporschaun, welche die stärksten Zeugen des Eidschwurs sind und jeglichen Bundes Bewahrer. Denn ich werde dich nimmer mit Schmach misshandeln. (...) Tue mir Gleiches.

Finster schaut und begann der mutige Renner Achilleus: Hektor, mir nicht, unvergesslicher Feind, von Verträgen geplaudert! Wie kein Bund die Löwen und Menschenkinder befreundet, auch nicht Wölf' und Lämmer in Eintracht je sich gesellen, sondern bitterer Hass sie ewig trennt voneinander: So ist nimmer für uns Vereinigung oder Bündnis!"[70]

---

[65] Homer: a. a. O., 12. Gesang, Zeile 200-209
[66] Homer: a. a. O., 12. Gesang, Zeile 218-223
[67] Homer: a. a. O., 22. Gesang, Zeile 93-99
[68] Homer: a. a. O., 22. Gesang, Zeile 131-139
[69] Homer: a. a. O., 22. Gesang, Zeile 165

Und Hektor erliegt.
Im Sterben bittet er um Schutz seines Leichnams.
Doch Achill will den Frevel, will den Toten noch schänden:

„Nicht beschwöre mich, Hund, bei meinen Knien und den Eltern!
Dass doch Zorn und Wut mich erbitterte, roh zu verschlingen dein zerschnittenes Fleisch, für
das Unheil, das du mir brachtest!"[71]

Achilleus,
der dem menschenblutsaufenden Kriegsgott Ares gleicht,
der ist wie das Feuer und die hellaufgehende Sonne,
wie der Falke, er ist beinah ein Menschenfresser und Blutsäufer.

Hektor aber wird sogar von Helena, der geraubten Frau aus Griechenland, gelobt:
„Nimmer indes entfiel dir ein böses Wort, noch ein Vorwurf (...).
Immer besänftigtest du und redest immer zum Guten durch dein freundliches Herz und deine
freundlichen Worte."[72]

Hektor, der purpurfarbige Drachen, der die kleinen Spatzen frass.
Hektor, die gerötete Schlange, die den Adlerkindern zum Frass vorgeworfen werden sollte.
Hektor, der vom Falken Achill getötet wurde,
er wurde „hoch auf der Scheiter Gerüst" gelegt und verbrannt.[73]
Seine Gebeine in einem goldenen Kästchen wurden umhüllt mit Purpur,
in eine Gruft versenkt „und darüber häuften sie dichtgeordnet gewaltige Steine des Feldes;
schütteten eilends das Mal (...). Als sie das Mal geschüttet, enteilten sie. (...)
Also bestatteten jene den Leib des reisigen Hektors."[74]

Mit diesen Zeilen endet die Ilias.
So wie der versteinerte Drache aus Purpur ein Zeichen war,
so war auch die rote Schlange ein Zeichen.
Zeichen für den Drachen Hektor, der besiegt und gestraft für den Raub der schönen Helena
liegt unter einem Zeichen aus Steinen, dem Denkmal.

Chi = Chiasma, das Zeichen eines diagonalen Kreuzes.

Der Kampf zwischen Achilleus und Hektor, Adler und Schlange, Sperling und Drache wird
im 21. Gesang noch gesteigert zum Kampf der Elemente, zum Streit der Götter:
Feuer und Wasser, Oben und Unten.

Achilleus kämpft wie ein Feuer:

„Wie ein entsetzlicher Brand die gewundenen Tale durchwütet, hoch im dürren Gebirg (es
entbrennt unermesslich die Waldung und rings wehet der Wind mit sausenden
Flammenwirbeln): So rings flog mit der Lanze der Wütende, stark wie ein Dämon, folgend zu
Mord und Gewürg, und Blut umströmte die Erde."[75]

---

[70] Homer: a. a. O., 22. Gesang, Zeile 251-264
[71] Homer: a. a. O., 22. Gesang, Zeile 354-346
[72] Homer: a. a. O., 24. Gesang, Zeile 766-773
[73] Homer: a. a. O., 24. Gesang, Zeile 787
[74] Homer: a. a. O., 24. Gesang, Zeile 794-803
[75] Homer: a. a. O., 20. Gesang, Zeile 490-493

Achilleus tötet den Sohn eines Flussgottes und ruft:
„Drum mächtig wie Zeuss vor den meerabrauschenden Strömen, so ist mächtig auch Zeus'
Geschlecht vor den Söhnen des Stromes."[76]

Der Flussgott ruft Achilleus zur Mässigung.
Dann kämpft der Fluss selbst gegen Achill:
„Aber Achilleus entsprang, so wie wie die Lanze dahinfliegt,
ungestüm wie der Adler, der schwarzgeflügelte Jäger,
welcher der mächtigste ist und geschwindeste alle Gevögel, diesem gleich hinstürmt er."[77]

Aber der Flussgott „drang auf Achilleus in trüb aufstürmender Brandung, laut mit Schaum
anrauschend und Blut und gewirbelten Leichen.
Purpurbraunes Gewoge des himmelsentsprossenen Stromes wallete hochgetürmt."[78]

Doch nun kommt Hephästos, der Hinkende, dem Achilleus zu Hilfe:
„Da stürmte der Gott in den Strom helleuchtende Flamme. (...)
So wie braust ein Kessel, gedrängt vom gewaltigen Feuer, (...)
So durchglühte das Feuer den Strom und es brauste das Wasser."[79]

Und der Flussgott gibt auf, lässt laufen Achilleus.

Der purpurne Strom, der sich durch sein Bett windet, wie eine Schlange, wie ein Mäander
(Flussname, Westküste Kleinasiens!) wird besiegt von dem olympischen Feuer.

---

[76] Homer: a. a. O., 21. Gesang, Zeile 190-191
[77] Homer: a. a. O., 21. Gesang, Zeile 251-254
[78] Homer: a. a. O., 21. Gesang, Zeile 324-327
[79] Homer: a. a. O., 21. Gesang, Zeile 349-365

Kapitel 8: Die Schlange und das Zeichen des Kreuzes.

„Da sandte der Herr feurige Schlangen unter das Vok; die bissen das Volk. (...)
Da sprach der Herr zu Mose:
Mache dir eine eherne Schlange und richte sie an einer Stange hoch auf.
Wer gebissen ist und sieht sie an, der soll leben."[80]

„Und wie Mose in der Wüste die Schlange erhöht hat,
so muss der Menschen Sohn erhöht werden,
auf dass alle, die an ihn glauben, das ewige Leben haben."[81]

Christus geschlagen an das Kreuz.
Die Schlange aufgerichtet auf einer Stange.
Hektor von Achill mit der Lanze erstochen.
Der Drache von Michael mit der Kreuzeslanze getötet.[82]

Der Speer des Achilleus ist aus Eschenholz,
„die ragende Esch"[83]
„die gradanstürmende Esche"[84]
„die eschene Lanze".[85]

Eine Esche ist auch der Weltenbaum Yggdrasil der Germanen.
„Yggdrasil (wörtlich die Schreckensträgerein),[86]
steht wie der Weltberg erhaben und hoch,
so wie die Pyramide.
Etwas furchtbares bergen diese Zeichen,
der Speer des Achill macht es deutlich:

„Und der Speer (...) stand in der Erd,
und lechzt im Menschen Blute zu schwelgen"[87]

„Gebohrt in die Erde, voll Gier, im Fleische zu schwelgen."[88]

Marterwerkzeuge, Menschenquäler, so wie das Kreuz, an das Jesus im Purpurkleide
geschlagen:

„Und die Kriegsknechte flochten eine Krone aus Dornen
und setzten sie auf sein Haupt und legten ihm ein Purpurkleid an. (...)
Da ging Jesus heraus und trug eine Dornenkrone und ein Purpurkleid.
Und Pilatus spricht zu ihnen: „Sehet, welch ein Mensch!""[89]

---

[80] Bibel: a. a. O., 4. Mose 21, 6-8
[81] Bibel: a. a. O., Johannes 3, 14-15
[82] H. und M. Schmidt: a. a. O., S. 151
[83] Homer: a. a. O., 21. Gesang, Zeile 162
[84] Homer: a. a. O., 21. Gesang, Zeile 169
[85] Homer: a. a. O., 21. Gesang, Zeile 172
[86] W. Binder: Vollmer's Wörterbuch der Mythologie. S. LV
Fourier, Wiesbaden, 1978
[87] Homer: a. a. O., 21. Gesang, Zeile 69-70
[88] Homer: a. a. O., 21. Gesang, Zeile 168
[89] Bibel: a. a. O., Johannes 19, 2-5

„Und er trug sein Kreuz und ging hinaus zur Stätte, die da heisst Schädelstätte, welche heisst auf hebräisch Golgatha. Allda kreuzigten sie ihn".[90]

„Der Kriegsknechte einer öffnete seine Seite mit einem Speer, und alsbald ging Blut und Wasser heraus."[91]

„Denn solches ist geschehen, dass die Schrift erfüllt würde: (...)
    Sie werden sehen auf den, in welchen sie gestochen haben."[92]

„Siehe er kommt mit den Wolken und es werden ihn sehen alle Augen und alle, die ihn durchbohrt haben, und es werden wehklagen um seinetwegen alles Geschlechter der Erde. Ja, amen."[93]

---

[90] Bibel: a. a. O., Johannes 19, 17-18
[91] Bibel: a. a. O., Johannes 19, 34
[92] Bibel: a. a. O., Johannes, 36-37
[93] Bibel: a. a. O., Offenbarung des Johannes 1, 7

Kapitel 9: Der blau-grüne Drache und der weisse Tiger.

Tod und Leben, Zorn und Erbarmen, Feuer und Wasser sind Attribute der Gottheit des christlichen Glaubens, sind Bilder des Einen, des einzigen Gottes.[94]

Tod und Leben, Tiger und Drachen, Yin und Yang sind in China Aspekte des Einen. Aus ihrer Verbindung formt sich die Einheit, das ewige Tao.[95]

[94] Bibel: a. a. O., Psalm 78 und Offenbarung des Johannes 22, 17
[95] J. Needham: Science and Civilisation in China. Vol. 5,V
Cambridge University Press, Cambridge, 1983

Weiterführende Literatur:

D. Bertholet: Claude Lévi-Strauss.
Plon, Paris, 2003

G. Dumézil: Mythe et Èpopée.
L'idéologie des trois fonctions dans les épopées des peuples indo-européens.
Gallimard, Paris, 1968